L'ATHLÉTISME
DU 100 M AU MARATHON

Jason Page

Traduction : Josée Latulippe

À L'EAU !
Au steeple, les athlètes doivent franchir 28 haies et 7 rivières sur une distance de 3 000 m !

LES ÉPREUVES SUR PISTE

I y a deux types d'épreuves d'athlétisme: les concours de sauts et de lancers, et les épreuves sur piste, qui sont toutes des courses. Les Jeux olympiques comptent 30 épreuves différentes sur piste; chacune est présentée dans ce livre...

Les épreuves de saut et de lancer ont lieu au centre de la piste du stade.

Pour le sprint, les athlètes doivent rester dans leur couloir, mais dans une course de fond ou de demi-fond, ils peuvent passer dans les autres.

Le Stade olympique du centenaire, Atlanta, États-Unis, 1996

DES CHIFFRES!

Aux Jeux de 2008, toutes les épreuves d'athlétisme sur piste ont commencé et pris fin dans le Stade national de Beijing, surnommé le « Nid d'oiseau ». Le stade comptait 91 000 places. On pourrait y faire entrer quatre gros-porteurs !

DES ORIGINES ANCIENNES

Les plus vieilles archives des Jeux olympiques antiques remontent à 776 av. J.-C. À cette époque, on disputait une seule compétition : une épreuve d'athlétisme appelée le *« stadion »*, une course de 192 mètres. Le premier gagnant (et premier champion olympique répertorié) était un cuisinier nommé Koroïbos.

BRAVO PAAVO !

L'un des plus grands athlètes sur piste de tous les temps est Paavo Nurmi (FIN), qui a remporté 12 médailles olympiques (9 d'or et 3 d'argent) entre 1920 et 1928. Nurmi a participé à 7 épreuves différentes de fond et de demi-fond. Son plus grand exploit est probablement d'avoir remporté le 5 000 mètres seulement 30 minutes après sa victoire au 1 500 mètres !

La piste comprend 8 couloirs. Un tour complet fait 400 m.

DOSSIER OLYMPIQUE

Les premiers Jeux olympiques furent tenus à Olympie, en Grèce antique, il y a environ 3 000 ans. Ils se déroulèrent tous les quatre ans jusqu'à leur abolition en 393 de notre ère.

Un Français, Pierre de Coubertin (1863-1937), relança les Jeux, et les premiers Jeux de l'ère moderne furent tenus à Athènes en 1896.

Les Jeux olympiques modernes se tiennent tous les quatre ans depuis 1896, mais furent annulés en 1916, en 1940 et en 1944 à cause de la guerre. Des Jeux spéciaux eurent lieu en 1906 pour en souligner le 10e anniversaire.

L'emblème des Jeux olympiques est constitué de cinq anneaux colorés, qui représentent les cinq continents d'origine des athlètes.

AVOIR LA FLAMME

Quelle que soit la ville hôtesse des Jeux, la flamme olympique s'y rendra ! Une torche allumée y sera amenée d'Olympie, en Grèce, où se tenaient les Jeux olympiques antiques. Huit mille coureurs se relaieront pour porter la flamme à travers 74 villes et villages ; ils arriveront à Londres pour la cérémonie d'ouverture des Jeux.

La flamme olympique, Séoul, 1988

DE LA GRÈCE

Le marathon est une course aux origines anciennes inspirée de l'histoire d'un messager de la Grèce antique, Pheidippides. Il courut 39 kilomètres pour transmettre la nouvelle : les Grecs avaient gagné la bataille de Marathon. Mais après sa course, Pheidippides est mort d'épuisement !

Marion Jones (USA)

LA CHAMPIONNE DÉCHUE

Grande favorite à Sydney en 2000, Marion Jones avait déclaré qu'elle pouvait remporter cinq médailles d'or. Elle en gagna finalement trois et deux de bronze, mais elle fut disqualifiée quelques années plus tard. Elle fut reconnue coupable d'avoir pris des substances interdites pour améliorer ses performances. Elle dut rendre toutes ses médailles en octobre 2007.

LE SAVAIS-TU ?

Au 100 m, les coureurs retiennent leur souffle jusqu'à la fin de la course !

En 1992, Linford Christie (GBR) est devenu, à 32 ans, la personne la plus âgée à remporter le 100 m.

Les Jeux de 1900 et de 1904 ont présenté une course encore plus courte : seulement 60 m.

Des blocs de départ

Les blocs de départ sont équipés de coussinets sensibles à la pression, qui détectent si un athlète se met en mouvement avant le signal de départ. Dès qu'un coureur commet un faux départ, il est disqualifié !

LES ORDRES DU STARTER

Au début d'une course de vitesse, l'officiel crie «À vos marques». À ce signal, les huit coureurs s'agenouillent au sol et placent les pieds dans les blocs de départ. Le starter crie ensuite «Prêts»; les athlètes relèvent les hanches, lèvent les genoux et attendent le coup de feu indiquant le départ.

LE 100 MÈTRES

Le 100 mètres est la plus courte des courses de vitesse. Il est présenté depuis les premiers Jeux modernes.

EN AVANT !

Observe bien les coureurs de 100 mètres en pleine action. Tu remarqueras qu'ils lancent la poitrine vers l'avant au moment de franchir la ligne d'arrivée. Ce faisant, ils poussent leur corps en avant, retranchant ainsi quelques centièmes de secondes de leur temps, ce qui peut faire la différence entre remporter la médaille d'or et arriver deuxième !

SCANDALE !

Malheureusement, quelques athlètes ne respectent pas les règles. L'une des pires tricheries s'est produite à la finale du 100 mètres en 1988. Ben Johnson (CAN) gagna la course, inscrivant un nouveau record mondial. Mais trois jours plus tard, il fut dépossédé de sa médaille et de son record quand on découvrit qu'il avait pris des substances interdites pour améliorer sa performance.

DE VRAIS ATHLÈTES !

Les athlètes les plus rapides atteignent une vitesse maximale d'environ 40 km/h, mais le guépard peut pulvériser ce record en courant jusqu'à 100 km/h !

LE 200 MÈTRES

La première moitié de cette course est disputée dans un virage. Il faut être habile pour maintenir un bon rythme de sprint en tournant vers la gauche !

UN BON TEMPS

Le champion olympique en titre au 200 mètres est Usain Bolt (JAM). Son temps de 19,30 secondes aux Jeux de Beijing en 2008 lui a valu non seulement la médaille d'or, mais aussi un nouveau record du monde !

Usain Bolt (JAM)

DES CHIFFRES !

200 MÈTRES

I	GRÈCE
II	JAMAÏQUE
II	CANADA
II	ITALIE
I	URSS
II ЖЖ ЖЖ ЖЖ	ÉTATS-UNIS

La finale du 200 m masculin a été présentée 25 fois aux Olympiques. L'Union soviétique (URSS) et la Grèce l'ont remportée 1 fois ; le Canada, l'Italie et la Jamaïque, 2 fois. Les 17 autres médailles d'or ont toutes été gagnées par les États-Unis.

DÉCALÉS SUR LA PISTE

Le 200 mètres et le 400 mètres ont des départs « décalés » : au lieu de partir tous sur une même ligne droite (comme au 100 mètres), les coureurs dans les couloirs intérieurs partent derrière ceux des couloirs extérieurs. Cela compense la courbe dans la piste, pour que chaque athlète coure exactement la même distance.

RECORDS MASCULINS – DU MONDE : Usain Bolt (JAM) – 19,19 s **OLYMPIQUE :** Usain Bolt (JAM) – 19,30 s

Un starter et son pistolet

UN RECORD DORÉ

Les femmes ont participé au 200 mètres pour la première fois en 1948. Fanny Blankers-Koen (NED) remporta la finale, ainsi que le 100 mètres, le 80 mètres haies et le relais 4 x 100 mètres. Sa récolte de 4 médailles d'or en une seule édition des Jeux est un record pour une athlète féminine.

UN BON COUP

Le coup de départ du 200 mètres est tiré près d'un micro, qui transmet le son à des haut-parleurs situés derrière chaque bloc de départ. Ainsi, tous les athlètes entendent le signal exactement au même moment. Sans cela, le coureur placé le plus près du pistolet entendrait le coup de feu une fraction de seconde avant les autres et bénéficierait d'une longueur d'avance.

LE SAVAIS-TU?

Aucun homme n'a encore remporté deux fois le 200 m!

En 1904, Archie Hahn (USA) a gagné le 200 m masculin après que tous les autres coureurs aient récolté une pénalité de 2 m à cause de faux départs.

À la finale de 1932, l'un des couloirs mesurait 1,5 m de plus que les autres!

DIEU QU'IL EST RAPIDE !

Eric Liddell (GBR) a remporté le 400 mètres en 1924, même s'il s'était plutôt entraîné pendant des mois pour le 100 mètres ! Fervent chrétien, il refusa de courir le 100 mètres, parce que la finale se tenait un dimanche, jour qui, selon la Bible, devrait être un jour de repos. Étonnamment, Liddell a non seulement gagné la médaille d'or, il a aussi battu le record du monde.

Eric Liddell (GBR)

LE SAVAIS-TU ?

Les courses de plus de 110 m sont courues dans le sens antihoraire.

En 1984, Valerie Brisco-Hooks (USA) est devenue la première personne à gagner le 200 m et le 400 m lors des mêmes Jeux.

Le film Les chariots de feu *raconte l'histoire d'Eric Liddell.*

UNE CHAMPIONNE

Marie-José Perec (FRA) a gagné le 400 mètres féminin aux Olympiques de 1992 et de 1996, sans réussir le triplé en 2000. Elle s'inclina devant l'Australienne Cathy Freeman, au grand plaisir du pays organisateur des Jeux. Toutefois, Marie-José Perec détient toujours le record olympique.

LE 400 MÈTRES

Voici le plus long et le plus difficile des sprints! Les athlètes courent à fond de train du début à la fin, tout autour de la piste.

PAS DE COMPÉTITION

En 1908, Wyndham Halswelle (GBR) remporta le 400 mètres masculin dans la victoire la plus facile de l'histoire olympique. Halswelle était seul en piste! Il fut le seul à courir à la reprise de la course, après la disqualification du gagnant et le retrait, en signe de protestation, des deux autres finalistes.

UN JEU DE LUMIÈRE

À l'origine, un morceau de fil ou de ruban était tendu au-dessus de la ligne d'arrivée. Aujourd'hui, il a été remplacé par un faisceau lumineux invisible. Un capteur détecte le moment précis où le faisceau est brisé par l'un des coureurs, enregistrant automatiquement le temps gagnant.

Marie-José Perec (FRA)

DE VRAIS ATHLÈTES!

De nos jours, les athlètes olympiques courent le 400 m en moins de 50 s. Mais un canard peut voler bien plus vite! Le canard est l'un des oiseaux les plus rapides en vol, avec une vitesse maximale de plus de 100 km/h. Il mettrait seulement 14 s pour voler sur 400 m!

RECORDS FÉMININS – DU MONDE: Marita Koch (GDR) – 47,60 s • **OLYMPIQUE:** Marie José Perec (FRA) – 48,25 s

LE RELAIS 4 X 100 MÈTRES

Cette course est un travail d'équipe. Les équipes comprennent quatre athlètes courant chacun 100 mètres, un quart de la distance.

N'ÉCHAPPE PAS LE TÉMOIN !

Les coureurs modernes transportent non plus un message, mais un cylindre appelé « témoin », d'environ 30 centimètres de long et pesant au moins 50 grammes — le poids d'une balle de golf. Si un athlète laisse tomber le témoin, son équipe est disqualifiée.

DES CHIFFRES !

Le record du monde au relais 4 x 100 m féminin est seulement 0,59 s plus lent que 4 fois le record du monde pour le 100 m !

Le passage du témoin

Le moment où un coureur remet le témoin à un autre est appelé « passage du témoin ». Les relayeurs s'y entraînent pendant plusieurs heures, pour réussir à le faire le plus vite possible et en douceur.

PRENDS LE MESSAGE !

Les origines de la course de relais remontent à l'Antiquité, où d'importants messages étaient transmis sur de longues distances par des équipes de coureurs. Chaque messager devait courir le plus vite possible jusqu'au prochain membre de l'équipe. Il remettait le message à son coéquipier, qui courait la portion suivante du trajet.

LE SAVAIS-TU ?

§ En 1936, l'équipe allemande féminine de relais a laissé tomber le témoin, ratant ainsi la médaille d'or.

§ Barbara Pearl Jones (USA) était membre de l'équipe américaine gagnante du relais 4 x 100 m en 1952. À 15 ans, elle fut la plus jeune athlète sur piste à remporter une médaille d'or !

§ L'étonnante série de victoires de Jesse Owens fut répétée aux mêmes épreuves par un autre Américain, Carl Lewis, en 1984.

UN ATHLÈTE EN OR

Jesse Owens (USA) était membre de l'équipe américaine qui a remporté l'or au relais 4 x 100 mètres en 1936. Il a aussi gagné l'or individuellement au 100 mètres, au 200 mètres et au saut en longueur !

Jesse Owens (USA)

RECORDS FÉMININS – **DU MONDE :** Rép. démocratique allemande – 41,37 s **OLYMPIQUE :** Rép. démocratique allemande – 41,60 s

L'OR POUR LES ÉTOILES

Le relais 4 x 400 mètres masculin fut présenté pour la première fois aux Jeux en 1908. Il fut remporté par les États-Unis, qui dominent l'épreuve depuis. En effet, l'équipe américaine a gagné 17 des 23 finales.

L'équipe de relais 4 x 400 m des États-Unis

LE SAVAIS-TU ?

🎵 En 1988, Olga Brzygina (URS) a remporté des médailles d'or au relais 4 x 400 m et au 400 m, pendant que son mari Viktor gagnait l'or au relais 4 x 100 m !

🎵 Au 4 x 400 m, on ne court pas dans les couloirs. Les relayeurs doivent regarder derrière eux en saisissant le témoin. Au 4 x 100 m, moins chaotique, ce n'est pas nécessaire.

🎵 Dans un relais, chaque coureur parcourt une « étape », c'est ainsi qu'on appelle une portion de la course.

DES LIGNES BRISÉES

Contrairement aux coureurs du relais 4 x 100 mètres, les relayeurs au 4 x 400 mètres n'ont pas à rester dans leur couloir. Ils doivent donc s'assurer de ne pas se gêner, surtout dans la zone de passage du témoin !

Le passage du témoin

LE RELAIS 4 X 400 MÈTRES

Quatre fois plus long que l'autre relais olympique, celui-ci est quatre fois plus difficile !

UNE SEULE FOIS

La première course de relais des Olympiques modernes fut un relais combiné, en 1908. Les athlètes ne couraient pas tous la même distance : les deux premiers parcouraient 200 mètres, le troisième 400 mètres, et le dernier 800 mètres (1 600 mètres en tout). Les États-Unis remportèrent la course, qui ne fut jamais reprise.

LA ZONE DE RELAIS

Les athlètes doivent passer le témoin à leur coéquipier dans la zone de transmission de 20 mètres. Des marques sur la piste indiquent le début et la fin de zone. Les coureurs peuvent commencer à courir avant de recevoir le témoin, mais ils n'ont pas le droit de sortir de la zone sans le témoin, sous peine de voir leur équipe disqualifiée !

DES CHIFFRES !

Les courses sont de plus en plus rapides. Le record du monde masculin actuel a retranché plus de 20 s au meilleur temps du premier relais 4 x 400 m olympique tenu en 1912.

LE 800 MÈTRES

Voici la première des deux courses de demi-fond des Jeux, une épreuve de vitesse et d'endurance.

LA PUISSANCE AU FÉMININ

Le 800 mètres masculin a été présenté à chacun des Jeux. L'épreuve féminine fut introduite en 1928, mais ne fut pas présentée de nouveau avant 1960. Les organisateurs des Jeux, des hommes, craignaient que les femmes ne soient pas assez résistantes pour une course aussi longue. Depuis, les femmes ont prouvé qu'ils avaient tort : le record féminin au 800 mètres est aujourd'hui plus rapide de 18 secondes que le temps du vainqueur de l'épreuve masculine en 1896 !

À FOND DE TRAIN

Plus la course est longue, plus elle est épuisante. Aux Jeux de 1996, au terme de la finale du 800 mètres, Vebjørn Rodal (NOR) avait épuisé toutes ses ressources, comme l'illustre la photo. Mais cela a valu la peine : Rodal a remporté l'or et inscrit un nouveau record olympique !

Vebjørn Rodal (NOR)

DE VRAIS ATHLÈTES !

La puce peut franchir 33 cm en un seul saut, soit environ 220 fois la longueur de son corps. Si les humains pouvaient en faire autant, ils pourraient compléter le 800 m en seulement 2 sauts !

EN BOÎTE

La stratégie joue un rôle important dans l'issue d'une course. Un coureur qui ne fait pas attention peut se retrouver enfermé, c'est-à-dire entouré de coureurs qui l'empêchent de prendre la tête. C'est ce qui est arrivé à l'athlète portant le numéro 151 sur la photo.

LE SAVAIS-TU?

⚡ Au 800 m, les coureurs prennent le départ dans des couloirs décalés, mais après la première courbe, ils peuvent sortir de leurs couloirs et courir à l'intérieur de la piste.

⚡ En 1992, les médaillés d'or et d'argent à la finale masculine du 800 m n'étaient séparés que de 0,04 s !

⚡ Le 800 m féminin de 1928 fut remporté par Lina Radke-Batschauer (GER), âgée de 24 ans. Ce fut la première médaille d'or individuelle pour l'Allemagne aux Jeux !

LE SOCCER MÈNE À TOUT

Aux Jeux de 1992, la médaille d'or au 800 mètres féminin a été gagnée par Ellen Van Langen (NED). Mais Langen avait commencé sa carrière au soccer, pas en athlétisme ! Quatre ans avant sa victoire olympique, elle jouait pour l'équipe féminine nationale de soccer des Pays-Bas.

RECORDS FÉMININS – DU MONDE : Jarmila Kratochvílová (TCH) – 1 min 53,28 s **OLYMPIQUE :** Nadezhda Olizarenko (URS) – 1 min 53,43 s

Kelly Holmes (GBR)

Tous les athlètes doivent porter un numéro. Cela permet aux officiels de les identifier.

Un coureur doit porter des vêtements légers et flexibles. Des vêtements ajustés rendent le corps de l'athlète plus aérodynamique.

LE 1500 MÈTRES

L e 1 500 mètres masculin a été présenté à tous les Olympiques depuis les premiers Jeux modernes. L'épreuve féminine n'a été introduite qu'en 1972.

GAGNER LE DOUBLÉ

Huit athlètes ont déjà gagné les deux courses de demi-fond lors des mêmes Jeux. Kelly Holmes (GBR), à droite, est la dernière en date. Elle a gagné l'or au 800 mètres et au 1 500 mètres à Athènes, en 2004.

RECORDS MASCULINS – DU MONDE: Hicham El Guerrouj (MAR) – 3 min 26,00 s **OLYMPIQUE:** Noah Ngeny (KEN) – 3 min 32,07 s

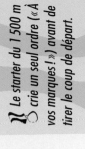

Le départ du 1 500 mètres

ON Y VA !

Contrairement aux courses plus courtes, au 1 500 mètres les athlètes ne partent pas dans des couloirs décalés.
Ils forment une ligne courbe en travers de la piste et peuvent quitter leur couloir dès le signal de départ.

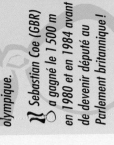

Les coureurs portent des chaussures légères à crampons, qui ne doivent pas dépasser 12 mm de long. Ceux-ci améliorent la prise sur la piste et empêchent les athlètes de glisser.

DES CHIFFRES !

Le diplodocus est l'un des plus longs dinosaures à avoir vécu sur la Terre, mais il était bien loin des 1 500 m de la course ! En fait, il aurait fallu plus de 55 de ces dinosaures géants pour combler la distance entre le départ et la ligne d'arrivée.

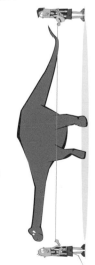

LE 100 ET LE 110 MÈTRES HAIES

La course de haies sur courte distance exige une grande concentration. La moindre erreur peut entraîner une catastrophe !

LA DIFFÉRENCE HOMMES-FEMMES

Toutes les courses de haies comportent 10 haies. La différence, c'est la hauteur des haies et la longueur de la piste. Pour les hommes, la course a 110 mètres, 10 mètres de plus que chez les femmes. Les haies des hommes sont aussi un peu plus hautes : 106,7 centimètres, contre 83,8 centimètres pour les femmes.

ELLE VA...

ELLE VA...

TOMBER !

Gail Devers (USA)

SI PRÈS DU BUT...

Aux Jeux de 1992, à la finale du 100 mètres haies, Gail Devers (USA) était en tête lorsque son pied a heurté la dernière haie. Cette erreur lui a coûté la victoire. Elle a perdu l'équilibre, a trébuché et est tombée derrière la ligne d'arrivée, en cinquième place. Cinq jours plus tôt, elle avait remporté le 100 mètres. Une médaille d'or aux haies aurait fait d'elle la première femme de l'histoire olympique à remporter l'or aux deux épreuves.

RECORDS MASCULINS – DU MONDE : Daylon Robles (CUB) – 12,87 s **OLYMPIQUE :** Liu Xiang (CHN) – 12,91 s

Liu Xiang (CHN) célèbre sa victoire au 110 m haies en 2004, aux Jeux olympiques d'Athènes.

Liu Xiang (CHN)

HOP, HOP, ON SAUTE !

Pour franchir une haie, le coureur tend une jambe devant lui. L'autre jambe suit, le genou fléchi, passant à l'horizontale tout près de la haie. Les coureurs s'entraînent pendant des heures pour perfectionner leur technique de saut et s'assurer de courir à un rythme régulier et parfaitement fluide.

LE SAVAIS-TU ?

)) À la course de haies courte distance, et les hommes et les femmes font trois enjambées entre chaque saut.

)) Le coureur de haies a le droit de faire tomber des haies, mais si son pied franchit la haie sur le côté, plus bas que la barre transversale, il est disqualifié.

)) Jusqu'en 1968, la course de haies des femmes n'avait que 80 m.

RECORDS FÉMININS - DU MONDE : Yordanka Donkova (BUL) - 12,21 s **OLYMPIQUE :** Joanna Hayes (USA) - 12,37 s

LE SEUL ET L'UNIQUE

Un seul athlète a remporté les deux épreuves du 400 mètres et du 400 mètres haies. Il s'agit de Harry Hillman (USA), dont l'exploit remonte à 1904. Toutefois, les haies utilisées pour la course de Hillman avaient 15 centimètres de moins que celles d'aujourd'hui.

LE GRAND MOSES

Edwin Moses (USA) remporta le 400 mètres haies aux Jeux de 1976, inscrivant un nouveau record du monde. L'année suivante marqua le début d'une série de victoires qui dura près de 10 ans ! Il gagna les 122 courses suivantes, y compris l'or aux Olympiques de 1984.

Edwin Moses (USA)

LE SAVAIS-TU ?

Au 400 m, les haies sont moins hautes que pour les courses de 100 et de 110 m: 91,4 cm pour les hommes et 76,2 cm pour les femmes.

Les haies sont conçues pour tomber si la barre transversale est heurtée par une force d'au moins 3,6 kg.

Edwin Moses aurait probablement gagné l'or olympique aussi en 1980. Mais les athlètes américains refusèrent de participer à ces Jeux pour des raisons politiques.

LES TECHNIQUES D'ÉCHAUFFEMENT

Tous les athlètes doivent s'échauffer avant une compétition pour éviter les blessures, comme les déchirures musculaires. Pour les coureurs de haies, une bonne façon de s'échauffer consiste à s'asseoir, une jambe tendue devant soi et l'autre fléchie derrière, et à se pencher le plus possible vers l'avant. Tendre une jambe le long de la barre transversale d'une haie est aussi un bon moyen de s'échauffer.

LE 400 MÈTRES HAIES

Pour cette course, les haies sont plus courtes, mais le sprint de 400 mètres est en soi un grand défi.

Au 400 m, les haies sont placées à tous les 40 m. Le grand Edwin Moses pouvait franchir cette distance en seulement 13 foulées !

DES CHIFFRES !

Hautes de 76 cm, les haies du 400 m haies féminin font environ la moitié de ta taille. Mais même les plus petites haies représentent tout un défi si tu dois en franchir 10 de suite !

Tony Jarrett (GBR)

RECORDS FÉMININS – DU MONDE: Yuliya Pechenkina (RUS) - 52,34 s **OLYMPIQUE:** Melanie Walker (JAM) - 52,64 s

LE STEEPLE

Avec ses **3000 mètres de long,** ses **28 haies** et ses **7 rivières** à franchir, le steeple est vraiment un marathon de haies !

MENER LA COURSE

Sur la photo, on voit Joseph Keter (KEN) derrière son compatriote Moses Kiptanui aux Jeux d'Atlanta de 1996, mais Keter finit par remporter la course. Le Kenya domine complètement cette épreuve : au cours des 7 derniers Jeux, les athlètes kenyans ont gagné 7 médailles d'or, 5 d'argent et 3 de bronze !

DE VRAIS ATHLÈTES !

Le steeple tire son nom d'une course pour chevaux avec des sauts de haies et de fossés. Si les chevaux se mesuraient aux humains au steeple, ils galoperaient avec l'or au cou ! Ils courent deux fois plus vite que nous et franchissent des obstacles deux fois et demie plus hauts que les haies de steeple.

Contrairement aux autres, ces haies sont robustes et ne peuvent basculer.

110 M HOMMES
Hauteur : 106,7 cm
Largeur : 1,2 m

100 M FEMMES
Hauteur : 83,8 cm
Largeur : 1,2 m

Les athlètes sautent par-dessus les haies, mais lorsqu'ils arrivent à la rivière, ils mettent le pied sur la barre transversale. Cela leur permet de sauter plus loin et de franchir une plus grande étendue d'eau. Mais il est impossible de ne pas atterrir dans l'eau, et tous les coureurs se mouillent les pieds !

Joseph Keter (KEN)

EN EAUX PROFONDES

Le fond de la rivière est incliné : plus on saute loin, moins l'eau est profonde. La rivière est plus profonde près de la haie, où il y a 70 centimètres d'eau. Si tu t'y tenais debout, l'eau t'arriverait probablement à la taille !

LE SAVAIS-TU ?

Les femmes ont pris part aux épreuves olympiques de steeple pour la première fois à Beijing en 2008.

Pour couvrir 3 000 m, il faut faire 7,5 tours de la piste de course. Chaque tour comprend 4 haies et 1 rivière.

Aux Jeux de 1932, le gagnant du steeple a couru un tour de trop par erreur !

STEEPLE HOMMES/FEMMES
hauteur : 91,4/76,2 cm
largeur : 3,96/3,96 m

LA HAUTEUR DES HAIES

Les haies pour le steeple ont la même hauteur que pour l'épreuve du 400 mètres haies. Elles sont toutefois beaucoup plus larges, soit 3,96 mètres, parce que tous les athlètes franchissent la même haie.

400 M HOMMES
hauteur : 91,4 cm
largeur : 1,2 m

400 M FEMMES
hauteur : 76,2 cm
largeur : 1,2 m

UNE LONGUE ATTENTE

Les athlètes féminines ont dû attendre jusqu'en 1984 avant de participer aux courses de fond aux Olympiques. Une course de 3 000 mètres et un marathon pour femmes ont finalement été introduits à Los Angeles en 1984. Quatre ans plus tard, à Séoul, les femmes ont pu, pour la première fois, prendre part au 10 000 mètres. En 1996, le 3 000 mètres femmes a été remplacé par le 5 000 mètres : les épreuves de fond sont donc enfin les mêmes pour les hommes et pour les femmes !

Wang Junxia (CHN)

LE SAVAIS-TU ?

De nos jours, on remet les médailles lors d'une grande cérémonie devant la foule. Mais au début des Olympiques modernes, les médailles étaient parfois envoyées par la poste !

Pour les courses de fond et de demi-fond, les athlètes n'utilisent pas de bloc de départ.

Une course de 5 000 m par équipe eut lieu une seule fois, en 1900, et fut gagnée par une équipe de coureurs britanniques et australiens.

RECORDS MASCULINS – DU MONDE : Kenenisa Bekele (ETH) - 12 min 37,35 s **OLYMPIQUE :** Kenenisa Bekele (ETH) - 12 min 57,82 s

LE 5000 MÈTRES

Quand ça devient dur, les durs se lancent. Et dans un 5 000 mètres, ils ont beaucoup de chemin à faire !

WANG VICTORIEUSE

La première femme à remporter une médaille d'or au 5 000 mètres fut Wang Junxia (CHN), à Atlanta en 1996. Le record olympique est présentement détenu par Gabriela Szabo (ROU), médaillée d'or à Sydney, en 2000.

À FOND

Les courses de fond éprouvent la condition physique et l'endurance des athlètes. Ils passent d'innombrables heures à l'entraînement et courent jusqu'à 150 kilomètres par semaine. Cela équivaut à 375 tours d'une piste olympique !

SIX CÉLÈBRES COUREURS

Six athlètes ont remporté à la fois le 5 000 mètres et le 10 000 mètres lors de mêmes Jeux. Vladimir Kuts (URS) a réussi ce doublé à Melbourne en 1956. En 2008, à Beijing, Kenenisa Bekele (ETH) a accompli le même exploit aux épreuves féminines.

DE VRAIS ATHLÈTES !

Au royaume animal, l'antilope d'Amérique est la championne de course de fond. Elle peut maintenir une vitesse de 56 km/h sur une distance de 5 000 m. Aucun autre animal ne peut se déplacer si loin si vite !

Vladimir Kuts (URS)

RECORDS FÉMININS – DU MONDE : Tirunesh Dibaba (ETH) – 14 min 11,15 s **OLYMPIQUE :** Gabriela Szabo (ROM) – 14 min 40,79 s

LE 10 000 MÈTRES

Cette course est la plus longue à être présentée à l'intérieur du stade : les athlètes font 25 tours de piste !

UN RETOUR MÉMORABLE

En 1992, les Sud-Africains ont pu prendre part aux Jeux olympiques pour la première fois en 32 ans ! Ils avaient été bannis des Jeux pendant toute cette période à cause de la politique d'apartheid de leur gouvernement, qui séparait les Blancs et les Noirs. Lorsque cette politique a pris fin, l'exclusion a aussi pris fin. Elana Meyer (RSA) a célébré le retour de son pays aux Jeux en gagnant l'argent au 10 000 mètres, terminant 6 secondes derrière Derartu Tulu (ETH).

DES CHIFFRES !

En se déplaçant à vitesse maximale sans prendre de pause, un escargot mettrait plus de 8 jours pour compléter le 10 000 m !

RECORDS MASCULINS - DU MONDE : Kenenisa Bekele (ETH) - 26 min 17,53 s **OLYMPIQUE :** Kenenisa Bekele (ETH) - 27 min 01,17 s

Elana Meyer (RSA)

PENSE AVEC LES PIEDS

Remporter une course de fond exige autant de stratégie que d'endurance. Les coureurs doivent planifier comment ils vont utiliser leurs réserves d'énergie. Certains tentent de surprendre leurs adversaires en augmentant subitement le rythme plus d'un tour avant la fin ; d'autres conservent leur énergie pour le sprint final, juste avant l'arrivée.

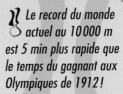

LE SAVAIS-TU ?

Le record du monde actuel au 10 000 m est 5 min plus rapide que le temps du gagnant aux Olympiques de 1912 !

Avec 7 victoires à son actif, la Finlande a remporté le 10 000 m masculin plus souvent que tous les autres pays.

Il faut 160 fois plus de temps pour courir le 10 000 m que pour compléter le 100 m !

DONNER L'ALLURE

Les records du monde aux courses de fond sont rarement battus aux Olympiques. Tous les athlètes essaient de gagner, il n'y a donc personne pour agir comme « lièvre » — celui qui prend la tête dès le début, fixant un rythme rapide que les autres suivront. Les lièvres aident les autres athlètes à établir des records, mais en commençant la course aussi vite, ils sont habituellement épuisés avant d'atteindre l'arrivée.

LA CHANSON DU VAINQUEUR

Aux Jeux de 2008, Kenenisa Bekele (ETH) a remporté l'or au 10 000 mètres et au 5 000 mètres. Il est également détenteur du record du monde et du record olympique au 10 000 mètres. On a même composé une chanson sur lui : *History is Made.*

Kenenisa Bekele (ETH)

UNE LONGUE DISTANCE

Les épreuves de marche sont très longues ! Avant, les femmes marchaient 10 km, mais depuis les Jeux de Sydney, la distance a été doublée à 20 km. Les hommes prennent part à deux épreuves : le 20 km et le monumental 50 km... plus long qu'un marathon !

Le 10 km marche féminin

Andrzej Chylinski (USA)

LE SAVAIS-TU ?

♪ La marche de 50 km est l'équivalent de 125 tours de la piste olympique.

♪ Il y a eu, dans l'histoire olympique, d'autres épreuves de marche, dont une de 3 000 m !

♪ Les épreuves commencent et finissent dans le stade, mais se font en grande partie dans les rues environnantes.

DÉHANCHE-TOI !

En se déhanchant, les marcheurs augmentent la longueur de leur foulée. Ils franchissent donc une plus grande distance à chaque pas... mais ont aussi l'air un peu fou !

RECORDS MASCULINS - DU MONDE : 20 km : Vladimir Kanaykin (RUS) - 1 h 17 min 16 s / **50 km :** Denis Nizhegorodov (RUS) - 3 h 34 min 14 s
OLYMPIQUE : 20 km : Robert Korzeniowski (POL) - 1 h 18 min 59 s / **50 km :** Alex Schwazer (ITA) - 3 h 37 min 09 s

LES ÉPREUVES DE MARCHE

L a marche athlétique a l'air facile, mais elle est plus complexe qu'on le croit !

APPRENDRE À MARCHER

Dans une épreuve de marche, le règlement dit qu'il faut en tout temps avoir un pied au sol. Tu ne peux relever le pied arrière avant d'avoir posé le pied avant au sol. La jambe arrière doit également être tendue pendant un instant, lorsque le pied arrière est par terre. Essaie-le ! C'est plus difficile que ça en a l'air, surtout si tu essaies de marcher rapidement.

DES AVERTISSEMENTS

Les juges regardent attentivement les marcheurs. S'il voit un athlète enfreindre les règles, le juge lui montrera un panneau jaune en guise d'avertissement. Après trois avertissements de trois juges différents, un compétiteur est disqualifié : on lui montre un panneau rouge.

Les marcheurs médaillés ont une vitesse moyenne de plus de 15 km/h, c'est la moitié de celle d'un champion sprinteur, mais 2 fois celle d'un nageur olympique !

DES CHIFFRES !

RECORDS FÉMININS - DU MONDE : 20 km : Vera Sokolva (RUS) – 1 h 25 min 08 s*

OLYMPIQUE : 20 km : Olga Kaniskina (RUS) – 1 h 26 min 31 s

LE MARATHON

Le marathon est une course exténuante de 42 kilomètres dans les rues de la ville olympique. C'est l'ultime épreuve d'endurance et de détermination !

SUR ORDRE DU ROI

Les premiers marathons olympiques étaient longs de 40 kilomètres. Mais quand les Jeux furent tenus à Londres, la course fut allongée à 42,195 kilomètres, parce que la famille royale britannique souhaitait assister au départ du marathon devant le château de Windsor ! Cette distance fut ensuite adoptée comme longueur officielle du marathon olympique.

DE VRAIS ATHLÈTES !

Quand on parle de trajets-marathons, le périple des caribous à travers l'Amérique du Nord est dur à battre. Ils parcourent jusqu'à 40 000 km chaque année, soit l'équivalent de 1 000 marathons.

40,000 km

Naoko Takahashi (JPN)

C'EST INJUSTE !

Dorando Pietri (ITA)

Dorando Pietri (ITA) fut le plus malchanceux de tous les marathoniens de l'histoire olympique. Aux Jeux de 1908, Pietri menait la course quand il entra dans le stade. Mais il s'est effondré d'épuisement quatre fois dans le dernier tour de piste. Deux officiels l'aidèrent à franchir la ligne d'arrivée. Même s'il est arrivé premier, Pietri fut disqualifié, les juges affirmant qu'il avait bénéficié de « soutien extérieur », ce qui est interdit par le règlement !

TANT D'ÉNERGIE !

Naoko Takahashi (JPN), à gauche, célèbre sa victoire en franchissant la ligne d'arrivée du marathon des femmes aux Jeux de Sydney. Takahashi détient toujours le record olympique féminin pour cette épreuve.

COMBATTRE LA SOIF

Après 11 kilomètres de course, des officiels distribuent de l'eau aux coureurs, puis environ à tous les 5 kilomètres. Des éponges mouillées sont aussi remises aux athlètes à intervalles réguliers pour les rafraîchir.

LE SAVAIS-TU ?

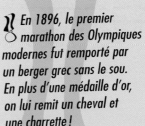

En 1896, le premier marathon des Olympiques modernes fut remporté par un berger grec sans le sou. En plus d'une médaille d'or, on lui remit un cheval et une charrette !

Les records au marathon sont considérés comme « non officiels », chaque marathon étant légèrement différent.

En 1988, 118 coureurs participèrent au marathon : le plus grand nombre de participants à une même épreuve olympique.

RECORDS FÉMININS - DU MONDE : Paula Radcliffe (GBR) – 2 h 15 min 25 s **OLYMPIQUE :** Naoko Takahashi (JPN) – 2 h 23 min 14 s

INDEX

CODES DES PAYS

BUL	Bulgarie	**GER**	Allemagne	**QAT**	Qatar
CAN	Canada	**ITA**	Italie	**ROU**	Roumanie
CHN	Chine	**JAM**	Jamaïque	**RSA**	Afrique du Sud
CUB	Cuba	**JPN**	Japon	**RUS**	Russie
ETH	Éthiopie	**KEN**	Kenya	**TCH**	Tchécoslovaquie (jusqu'en 1993)
FIN	Finlande	**MAR**	Maroc		
FRA	France	**NED**	Pays-Bas	**URS**	Union soviétique (URSS, 1922-1992)
GBR	Royaume-Uni	**NOR**	Norvège		
GDR	Allemagne de l'Est (1949-1990)	**POL**	Pologne	**USA**	États-Unis